ÅF186879

Impressum
Verlag: BABADADA GmbH, Nedderfeld 112 , 22529 Hamburg
Geschäftsführer / Verlagsleitung: Harald Hof
Druck: Books on Demand GmbH, In de Tarpen 42, 22848 Norderstedt

Imprint
Publisher: BABADADA GmbH, Nedderfeld 112 , 22529 Hamburg, Germany
Managing Director / Publishing direction: Harald Hof
Print: Books on Demand GmbH, In de Tarpen 42, 22848 Norderstedt, Germany

escuela

ትምህርት ቤት

aula
መማሪያ ክፍል
dividir
ማካፈል
pizarra
ሰሌዳ
patio
የትምህርት ቤት ቅጥር ግቢ
maestro/a
መምህር
papel
ወረቀት
escribir
መፃፍ
bolígrafo
እስክሪብቶ
escritorio
መፃፊያ ጠረጴዛ
regla
ማስመሪያ
libro
መጽሐፍ
alumno/a
ተማሪ

cartera

የጀርባ ቦርሳ

caja de lápices

የእርሳስ መያዣ

lápiz

እርሳስ

sacapuntas

የእርሳስ መቅረጫ

goma de borrar

ላጲስ

cuaderno de dibujo

የስዕል ደብተር

dibujo

ስዕል

pincel

የቀለም ብሩሽ

caja de pinturas

የቀለም ሳጥን

tijeras

መቀስ

pegamento

ማጣበቂያ

cuaderno de ejercicios

መልመጃ ደብተር

deberes

የቤት ስራ

12

número

ቁጥር

2+2

sumar

መደመር

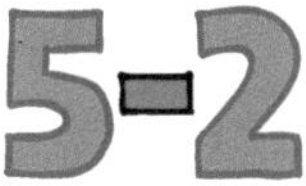

5-2

restar

መቀነስ

2×2

multiplicar

ማባዛት

calcular

ቁጥሮችን ማስላት

A

letra

ደብዳቤ

ABCDEFG HIJKLMN OPQRSTU VWXYZ

alfabeto

ፊደላት

hello

palabra

ቃል

texto

ፅሑፍ

leer

ማንበብ

tiza

ጠመኔ

lección

ትምህርት

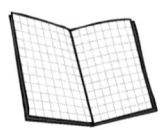

cuaderno de notas

ምዝገባ

examen

ፈተና

certificado

ሰርተፊኬት

uniforme escolar

የትምህርት ቤት የደንብ ልብስ

educación

ትምህርት

enciclopedia

አዉደ ጥበብ

universidad

ዩኒቨርስቲ

microscopio

የምርምር አጉሊ መሳርያ

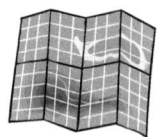

mapa

ካርታ

papelera

የቆሻሻ ወረቀት መጣያ ቅርጫት

viaje

ጉዞ

hotel
ሆቴል
Grand
albergue
ማረፊያ ቤት
ROOMS
oficina de cambio de divisas
የውጭ ገንዘብ ምንዛሪ ቢሮ
maleta
ልብስ መያዣ ሻንጣ
coche
መኪና

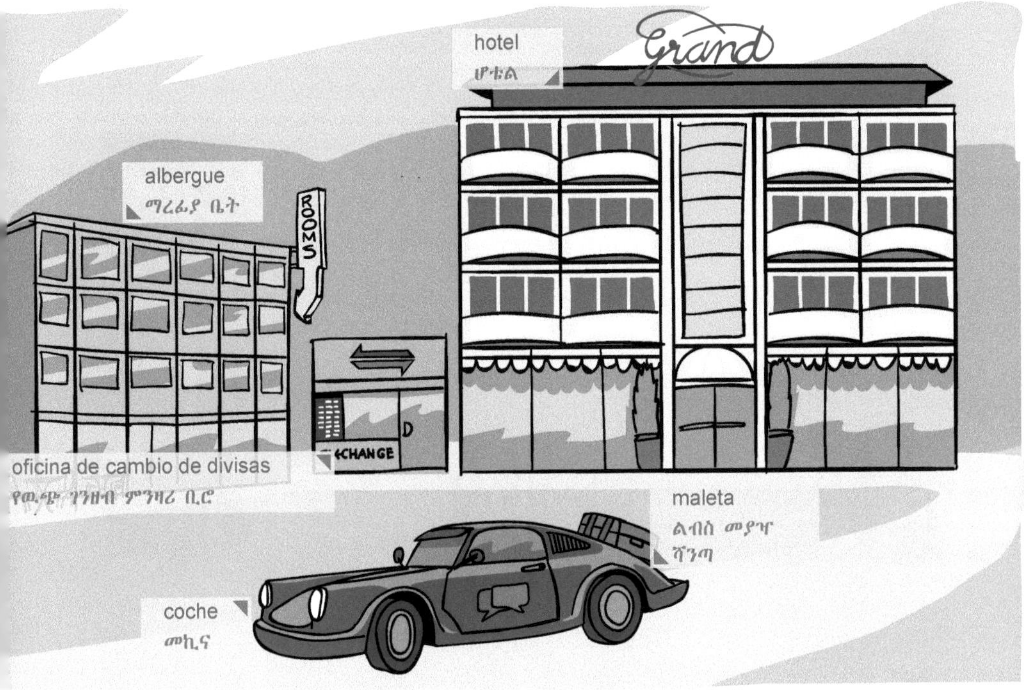

idioma
ቋንቋ

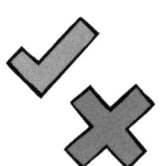

sí / no
አዎ/ አይደለም

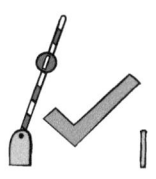

Vale
እሺ

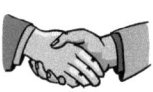

hola
ሰላም

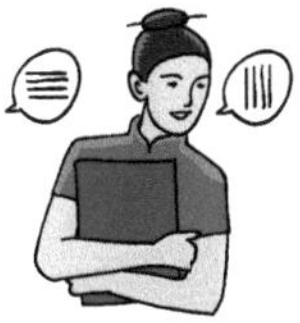

traductor
አስተርጓሚ

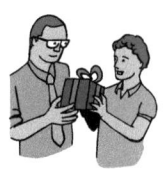

Gracias
አመሰግናለሁ

¿cuánto es...?

ስንት ነዉ.......?

No entiendo

አልገባኝም

problema

እክል

¡Buenas tardes!

እንደምን አመሹ!

¡Buenos días!

እንደምን አደሩ!

¡Buenas noches!

መልካም ምሽት!

adiós

ደህና ይሰንብቱ

dirección

አቅጣጫ

equipaje

ሻንጣ

bolsa

ቦርሳ

mochila

የጀርባ ቦርሳ

invitado

እንግዳ

habitación

ክፍል

saco de dormir

የመተኛ ቦርሳ

tienda de campaña

ድንኳን

viaje - ጉዞ

información turística

የጎብኚዎች መረጃ

playa

የባህር ዳርቻ

tarjeta de crédito

ክሬዲት ካርድ

desayuno

ቁርስ

almuerzo

ምሳ

cena

እራት

billete

ቲኬት

ascensor

አሳንሰር

sello

ማህተም

frontera

ድንበር

aduana

ባህሎች

embajada

ኤምባሲ

visa

ቪዛ/የይለፍ ወረቀት

pasaporte

ፓስፖርት

transporte

ጓጓዣ

avión
አዉሮፕላን
barco
መርከብ
coche de bomberos
እሳት አደጋ መኪና
autobús
camión
ጭነት መኪና
lancha a motor
ሞተር ጀልባ
bicicleta
ብስክሌት
coche
መኪና

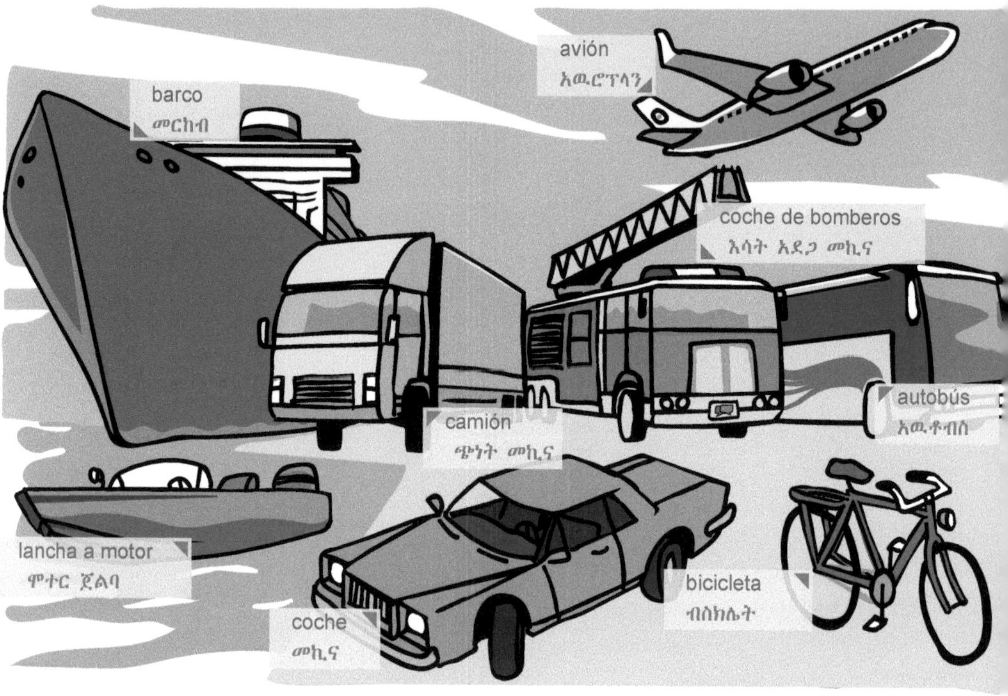

transbordador

ማመላለሻ ጀልባ

barca

ጀልባ

moto

ሞተር ብስክሌት

coche de policía

ፖሊስ መኪና

coche de carreras

ዉድድር መኪና

coche de alquiler

ኪራይ መኪና

préstamo de vehículos

የመኪና መጋራት

grúa

ታች መኪና

camión de la basura

የቆሻሻ ጭነት መኪና

motor

ሞተር

gasolina

ነዳጅ

gasolinera

የቤንዚን ማደያ

señal de tráfico

የመንገድ ምልክት

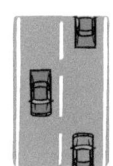

tráfico

የመኪኖች እንቅስቃሴ

atasco

የመኪና መጨናነቅ

aparcamiento

የመኪና ማቆሚያ

estación de tren

የባቡር ጣቢያ

vías

የባቡር ሀዲዶች

tren

ባቡር

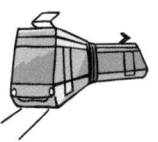

tranvía

የኤሌክትሪክ ባቡር

vagón

ሰረገላ

helicóptero

ሄሊኮፕተር

aeropuerto

አየር ማረፊያ

torre

ማማ

pasajero

መንገደኛ

contenedor

ማስቀመጫ፤ ማጠራቀሚያ

caja de cartón

ካርቶን እቃ ማሸጊያ

carretilla

ጋሪ፤ ተሳቢ

cesta

ቅርጫት

despegar / aterrizar

መነሳት/ ማረፍ

ciudad

ከተማ

pueblo

መንደር

centro de ciudad

የከተማ ማዕከል

casa

ቤት

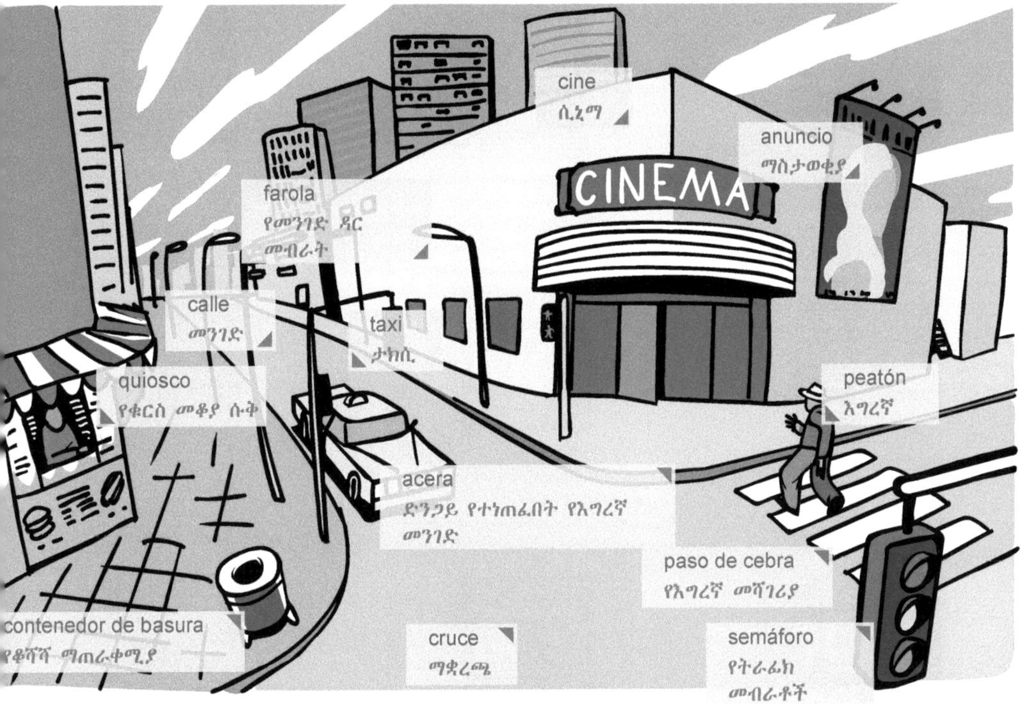

cine
ሲኒማ
CINEMA
anuncio
ማስታወቂያ
farola
የመንገድ ዳር መብራት
calle
መንገድ
taxi
ታክሲ
quiosco
የቁርስ መቆያ ሱቅ
peatón
እግረኛ
acera
ድንጋይ የተነጠፈበት የእግረኛ መንገድ
paso de cebra
የእግረኛ መሻገሪያ
contenedor de basura
የቆሻሻ ማጠራቀሚያ
cruce
ማቋረጫ
semáforo
የትራፊክ መብራቶች

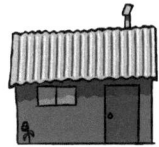

cabaña

ጎጆ

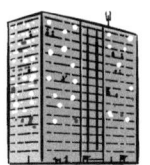

apartamento

አፓርታማ

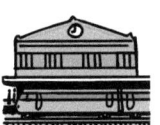

estación de tren

የባቡር ጣቢያ

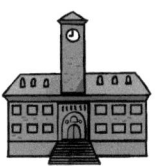

ayuntamiento

የከተማ አዳራሽ

MUSEUM

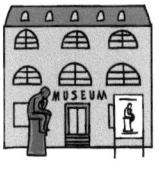

museo

ቤተ መዘክር

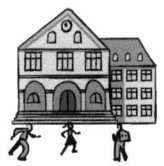

escuela

ትምህርት ቤት

universidad

....

ዩኒቨርስቲ

banco

....

ባንክ

hospital

....

ሆስፒታል

hotel

....

ሆቴል

farmacia

....

መድሐኒት ቤት

oficina

....

ቢሮ

librería

....

መፅሐፍ መሸጫ

tienda

....

ሱቅ

floristería

....

የአበባ መሸጫ

supermercado

....

የሸቀጣ ሸቀጥ መደብር

mercado

....

ገበያ ስፍራ

grandes almacenes

....

መደብር

pescadería

....

የዓሳ ነጋዴ

centro comercial

....

የገበያ ማዕከል

puerto

....

ወደብ

parque

መናፈሻ ቦታ

banco

አግዳሚ ወንበር

puente

ድልድይ

escaleras

ደረጃዎች

metro

ዉስጥ ለዉስጥ

túnel

ዋሻ

parada de autobús

የአዉቶቡስ ፌርማታ

bar

ባር

restaurante

ምግብ ቤት

buzón

የፖስታ ሳጥን

poste indicador

የመንገድ ምልክት

parquímetro

የመኪና ማቆሚያ ሒሳብ የሚያሰላ ማሽን

zoo

የደር እንስሳት ማቆያ

piscina

የመዋኛ ገንዳ

mezquita

መስጊድ

granja

እርሻ

contaminación

ሚበክል ነገር

cementerio

መቃብር ስፍራ

iglesia

ቤተ ክርስቲያን

patio de juego

መጫወቻ ሜዳ

templo

ቤተ መቅደስ

paisaje

መልከዓምድር

hoja
ቅጠል
señal
መንገድ ላይ ምልክት
camino
መንገድ
prado
አረንጓዴ መስክ
piedra
ድንጋይ
excursionista
በእግሩ ሚጓዝ
árbol
ዛፍ
río
ወንዝ
hierba
ሳር
flor
አበባ

valle

ሸለቆ

colina

ኮረብታ

lago

ሀይቅ

bosque

ጫካ

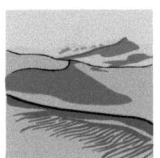

desierto

በረሃ

volcán

እሳተ ገሞራ

castillo

ግምብ

arcoíris

ቀስተ ዳመና

champiñón

እንጉዳይ

palmera

የቴምብር ዛፍ/ ዘንባባ

mosquito

ቢንቢ/ የወባ ትንኝ

mosca

በራሪ

hormiga

ጉንዳን

abeja

ንብ

araña

ሸረሪት

escarabajo

ጢንዚዛ

rana

እንቁራሪት

ardilla

ሽኮኮ

erizo

ጃርት

liebre

ጥንቸል

lechuza

ጉጉት ወፍ

pájaro

ወፍ

cisne

የዉሃ ዳክዬ

jabalí

ከርከሮ

ciervo

አጋዘን

alce

አጋዘን

presa

ግድብ

turbina eólica

በነፋስ የሚሽከረከር

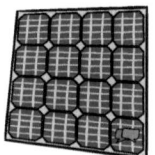

panel solar

የፀሀይ ፓኔሎ

clima

አየር ንብረት

camarero
አስተናጋጅ

menú
ማዉጫ

silla
ወንበር

sopa
ሾርባ

pizza
ፒዛ

cubertería
መክተፊያ

mantel
የጠረጴዛ ጨርቅ

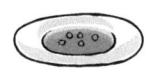

primer plato

የምግብ ፍላጎትን የሚከፍት ምግብ

plato principal

ዋና ምግብ

postre

ማጣጣሚያ ተከታይ ምግብ

bebidas

መጠጦች

comida

ምግብ

botella

ጠርሙስ

comida rápida

ፈጣን ምግብ

comida callejera

የመንገድ ምግብ

tetera

የሻይ ማንቆርቆሪያ

azucarero

የስኳር እቃ

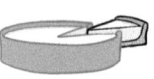

porción

ድርሻ

cafetera expreso

የቡና ማፊያ ማሽን

trona

ባለጌ ወንበር

cuenta

የክፍያ ደረሰኝ

bandeja

ትሪ

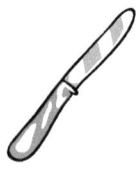

cuchillo

ቢላዋ

tenedor

ሹካ

cuchara

ማንኪያ

cucharilla

የሻይ ማንኪያ

servilleta

ልብስ ምግብ እንዳይነካ የሚረዳ
ጨርቅ

vaso

ብርጭቆ

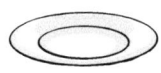

plato

ዝርግ ሰሀን

plato hondo

የሾርባ ጎድጓዳ ሰሀን

platillo

የስኒ ማስቀመጫ

salsa

ማጣፈጫ ስጎ

salero

የጨዉ እቃ

molinillo de pimienta

የተፈጨ ቃሪያ

vinagre

ኮምጣጤ

aceite

የምግብ ዘይት

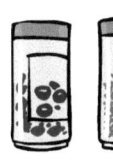

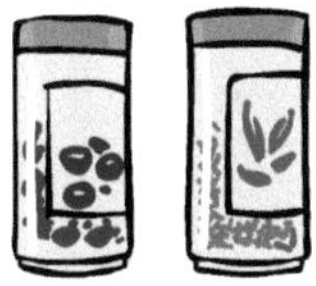

especias

ቀመማ ቅመሞች

ketchup

የቲማቲም ድልህ

mostaza

ሰናፍጭ

mayonesa

ማዮኒዝ

supermercado

የሸቀጣ ሸቀጥ መደብር

oferta especial
ልዩ አቅራቦት
FOR
cliente
ደምበኛ
lácteos
የወተት ተዋፅዖ
fruta
ፍራፍሬ
carro de la compra
ባለ ጎማ የእጅ ጋሪ

carnicería

ሉካንዳ ነጋዴ

panadería

መጋገርያ

pesar

ክብደት መመዘን

verduras

ቅጠላ ቅጠል አትክልት

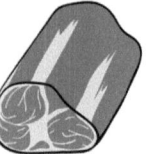

carne

ስጋ

alimentos congelados

የቀዘቀዘ/የረጋ ምግብ

fiambres

ቀዝቃዛ ቁራጭ

conservas

የታሸገ ምግብ

detergente en polvo

የማጠቢያ ዱቄት

dulces

ጣፋጮች

productos de uso doméstico

የቤት ዉስጥ ዉጤቶች

productos de limpieza

የፅዳት ምርቶች

vendedora

የሽያጭ ባለሙያ

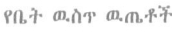

caja

የገንዘብ መመዝገቢያ ማሽን

cajero

የሒሳብ ሰራተኛ

lista de la compra

የግዢ ዝርዝር

horario de atención al
público

ክፍት ሰዓታት

cartera

የኪስ ቦርሳ

tarjeta de crédito

ክሬዲት ካርድ

bolsa

ቦርሳ

bolsa de plástico

የፕላስቲክ ቦርሳ

bebidas

መጠጦች

agua

ውሃ

zumo

ጭማቂ

leche

ወተት

cola

ኮካ-ኮላ

vino

ወይን

cerveza

ቢራ

alcohol

አልኮል

cacao

ኮካ

té

ሻይ

café

ቡና

expreso

የተፈላ ቡና

capuchino

ካፑቺኖ

plátano

መገዝ

manzana

ም

naranja

ር቎ካን

melón

limón

ሚ

zanahoria

ካሮት

ajo

ነጭ ሽንኩርት

bambú

ሽምበቆ

cebolla

ይ ሽንኩርት

champiñón

ንጉዳይ

avellanas

ለዉዝ

fideos

የህፃናት ምግ

espagueti

ፓስታ

arroz

ሩዝ

ensalada

ሰላጣ

patatas fritas

የድንች ጥብስ

patatas fritas

ድንች ጥብስ

pizza

ፒዛ

hamburguesa

ዳቦ ዉስጥ በስሱ ተጠብሶ የገባ ስጋ

sándwich

ሳንድዊች

filete

ጥሬ ስጋ

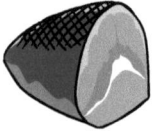

jamón

የአሳማ ስጋ

salami

በቅመምና በጨዉ የታሸ ምግብ ቀዝቅዞ የሚበላ ሾርባ ምግብ

salchicha

ቋሊማ

pollo

ዶሮ

asado

ጥብስ

pescado

አሳ

copos de avena

የአጃ ገንፎ

muesli

ከወተት ጋር ተደባልቀዉ የሚበሉ ምግቦች

copos de maíz

የበቆሎ ቅርፊት

harina

ዱቄት

cruasán

ኩራሳ

panecillo

ድብልብል ዳቦ

pan

ዳቦ

tostada

መጥበስ

galletas

ብስኩት

mantequilla

ቅቤ

cuajada

እርጎ

pastel

ኬክ

huevo

እንቁላል

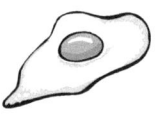

huevo frito

እንቁላል ጥብስ

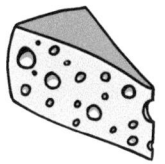

queso

አይብ

helado

የበረዶ ክሬም

azúcar

ስኳር

miel

ማር

mermelada

ማርማላት

crema de turrón

የተናጠ የወተት ክሬም

curry

ማጣፈጫ

granja
የገበሬ ቤት

fardo de paja
የጭዶ ክምር

granero
የእህልና የከብት ማቀመጫ
ቤት

campo
ሜዳ

caballo
ፈረስ

remolque
ተሳቢ መኪና

tractor
የእርሻ መኪና

potro
የፈረስ ውርንጭላ

burro
አህያ

cordero
የበግ ጠቦት

oveja
በግ

cabra

ፍየል

vaca

ላም

ternero

ጥጃ

cerdo

አሳማ

cerdito

ግልገል አሳማ

toro

ኮርማ

ganso

ዝይ

pato

ዳክዬ

pollo

የዶሮ ጫጩት

gallina

ዶር

gallo

አዉራ ዶሮ

rata

አይጥ

gato

ደድመት

ratón

አይጥ

buey

በሬ

perro

ዉሻ

perrera

የዉሻ ቤት

manguera

የአትክልት ቦታ

regadera

ዉሃ ማጠጫ ባልዲ

guadaña

ረጅም ማጭድ

arado

ማረሻ

hoz

ማጭድ

azada

መኮትኮቻ

horca

የእህል መንሽ

hacha

መጥረቢያ

carretilla

ኩርኩር/ የእጅ ጋሪ

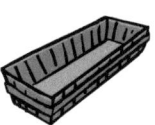

abrevadero

ገንዳ

lechera

የወተት ዕቃ

saco

ጆንያ ከረጢት

valla

አጥር

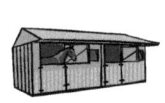

establo

የፈረስ ጋጣ

invernadero

ዕፅዋት ማሳደጊያ የመስታዉት
ቤት

suelo

አፈር

semilla

ዘር

fertilizador

የመሬት ማዳበሪያ

cosechadora

ጥምር ማረሻ

cosechar

አዝመራ መሰብሰብ

cosecha

አዝመራ

ñame

ድንች

trigo

ስንዴ

soja

ሶያ

patata

ድንች

maíz

በቆሎ

semilla de colza

የከብት መኖ

árbol frutal

የፍሬ ዛፍ

mandioca

የካሳቫ ዛፍ

cereales

እህል

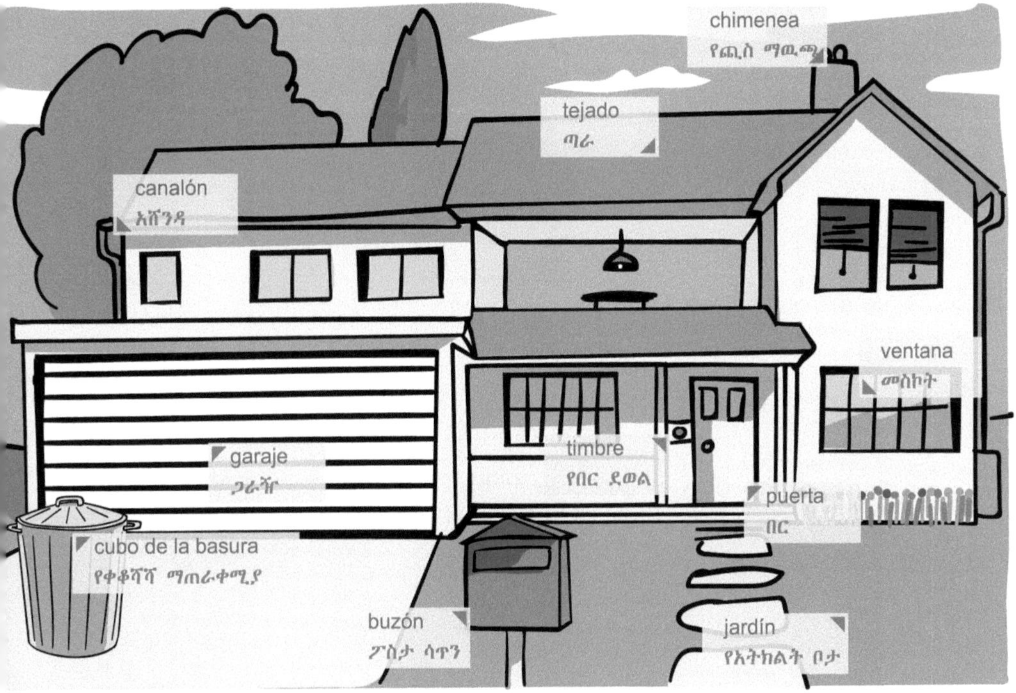

chimenea
የጪስ ማዉጫ

tejado
ጣራ

canalón
አሽንዳ

ventana
መስኮት

garaje
ጋራዥ

timbre
የበር ደወል

puerta
በር

cubo de la basura
የቀቆሻሻ ማጠራቀሚያ

buzón
ፖስታ ሳጥን

jardín
የአትክልት ቦታ

sala

ሳሎን

cuarto de baño

መታጠቢያ ቤት

cocina

ማድቤት

dormitorio

መኝታ ቤት

habitación de los niños

የልጅ ክፍል

comedor

መመገቢያ ክፍል

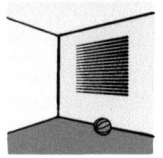

suelo

ወለል

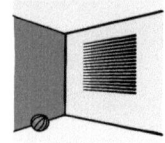

pared

ግድግዳ

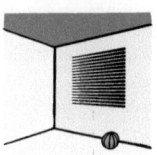

techo

ጣሪያ

sótano

ምድር ቤት

sauna

በእንፋሎት ሙቀት መታጠቢያ
ቤት

balcón

ገነት

terraza

ከፍ ያለ መደብ

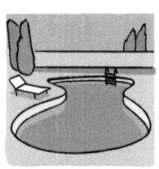

piscina

የመዋኛ ገንዳ

cortacésped

የማጨጃ መኪና

sábana

አንሶላ

colcha

የአልጋ ልብስ

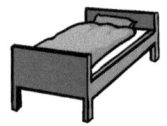

cama

አልጋ

escoba

መጥረጊያ

balde

ባልዲ

interruptor

ማብሪያና ማጥፊያ

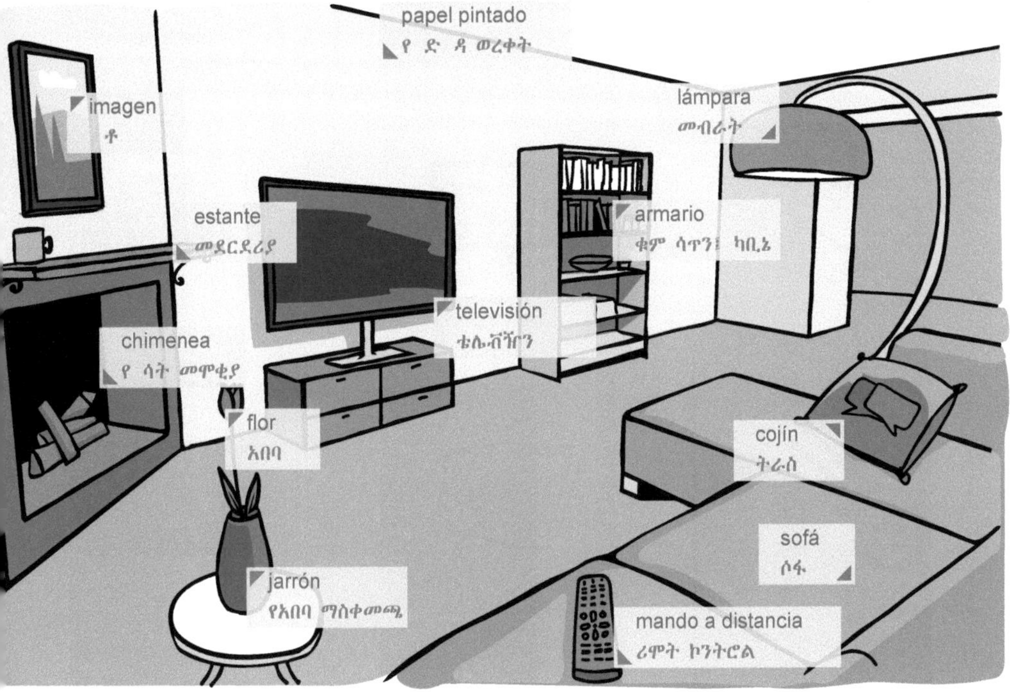

papel pintado
የ ድ ዳ ወረቀት

imagen
ቶ

lámpara
መብራት

estante
መደርደሪያ

armario
ቁም ሳጥን፣ ካቢኔ

chimenea
የ ሳት መሞቂያ

televisión
ቴሌቪዥን

flor
አበባ

cojín
ትራስ

jarrón
የአበባ ማስቀመጫ

sofá
ሶፋ

mando a distancia
ሪሞት ኮንትሮል

alfombra
....
ንጣፍ

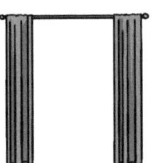

cortina
....
መጋረጃ

mesa
....
ጠረጴዛ

silla
....
ወንበር

mecedora
....
ተወዛዋዥ ወንበር

butaca
....
ባለመደገፊያ ወንበር

libro

መጽሐፍ

manta

ብርድ ልብስ

decoración

ጌጥ

leña

ማገዶ

película

ፊልም

equipo de música

የሙዚቃ መማጬወቻ

llave

ቁልፍ

periódico

ጋዜጣ

pintura

ስዕል

póster

የተለጠፈ ማስታወቂያ እንደ ስዕል

radio

ሬዲዮ

cuaderno

ማስታወሻ ደብተር

aspiradora

የአየር ማፅጃ ለምንጣፍ

cactus

ቁልቋል

vela

ሻማ

cocina

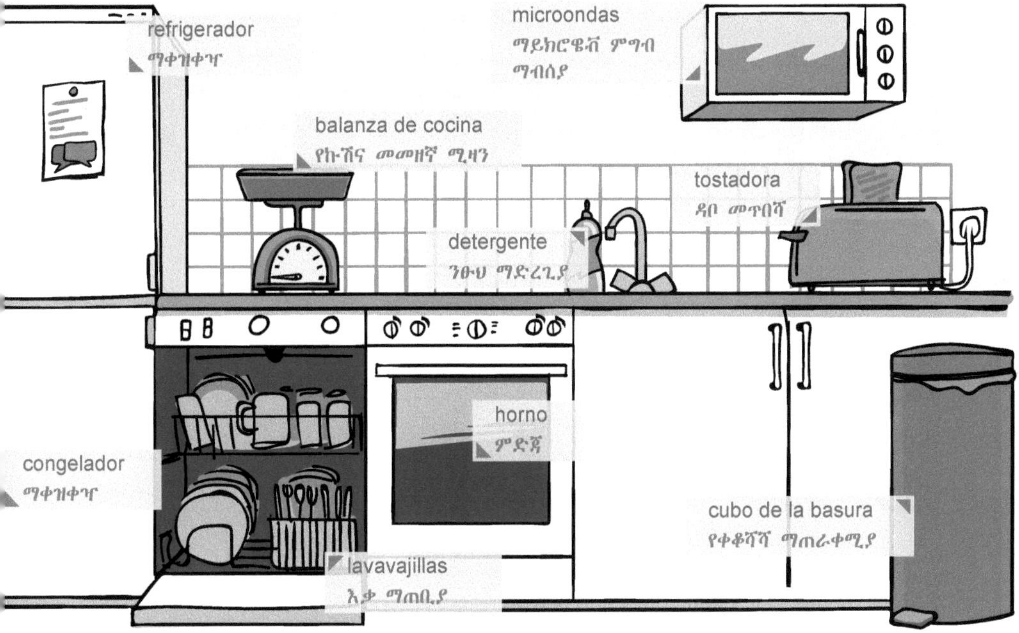

refrigerador
ማቀዝቀዣ
microondas
ማይክሮዌቭ ምግብ ማብሰያ
balanza de cocina
የኩሽና መመዘኛ ሚዛን
tostadora
ዳቦ መጥበሻ
detergente
ንፁህ ማድረጊያ
horno
ምድጃ
congelador
ማቀዝቀዣ
cubo de la basura
የቆሻሻ ማጠራቀሚያ
lavavajillas
እቃ ማጠቢያ

olla a presión

ምግብ አብሳይ

olla

ማሰሮ

olla de hierro fundido

የብረት ማሰሮ

wok / karahi

ምግብ ማብሰያ ዝርግ ድስት

cazuela

የምግብ መጥበሻ

hervidor

ማንቆርቆሪያ

vaporera

የእንፋሎት ማብሰያ

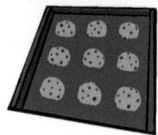

chapa de horno

የ ጋገሪያ ትሪ

vajilla

ሰብስቦች

taza

ትልቅ ኩባያ

tazón

ጎድጓዳ ሳህን

palillos

ቾፕስቲክስ

cucharón

ጭልፋ

espumadera

ሰቅሰ ያ ዝርግ ማንኪያ

batidor

ማ ባለ ያ

colador

ወጠሪያ

cedazo

ወንፊት

rallador

ፈርፈሪያ ሳሪያ

mortero

ሲሚንቶ

barbacoa

የፍም ጥብስ

hoguera

የተለቀቀ እሳት

tabla de picar

....

መክተፊያ

rodillo

....

ተንሸራታች መርፌ

sacacorchos

....

የጠርሙስ መክፈቻ

lata

....

ጣሳ

abrelatas

....

የጣሳ መክፈቻ

agarrador

....

የማሰሮ መሸፈኛ

lavabo

....

ሳህን ማጠቢያ

cepillo

....

ብሩሽ

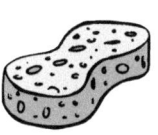

esponja

....

ስፖንጅ

batidora

....

መደባለቂያ መሳሪያ

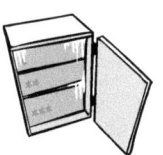

congelador

....

በጣም ማቀዝቀዣ

biberón

....

ጡጦ

grifo

....

ቧንቧ

cuarto de baño

መታጠቢያ ቤት

calefacción
ማሞቂያ
ducha
መታጠቢያ
toalla
ፎጣ
cortina de la ducha
የመታጠቢያ ቤት መጋረጃ
baño de espuma
የአረፋ መታጠቢያ
bañera
የመታጠቢያ ገንዳ
vaso
ብርጭቆ
lavadora
የልብስ ማጠቢያ
grifo
ቧንቧ
baldosas
ማዕዘን ወለል
orinal
ፖፖ
lavabo
ሳህን ማጠቢያ

inodoro

ሽንት ቤት

inodoro rústico

የሽንት ቤት መቀመጫ

bidé

ሳፋ

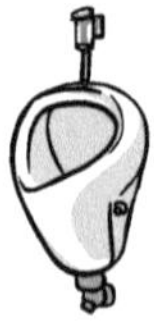

urinario

የመንገድ ዳር መሽኛ

papel higiénico

የሽንት ቤት ወረቀት

escobilla del váter

የሽንት ቤት ማፅጃ ብሩሽ

cepillo de dientes

የጥርስ ብሩሽ

pasta de dientes

የጥርስ ሳሙና

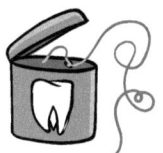

hilo dental

የጥርስ ማፅጃ ክር

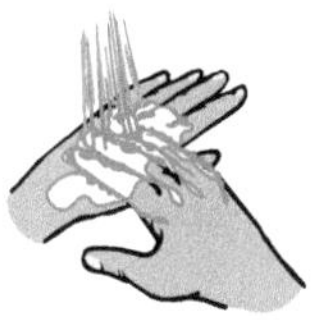

lavar

መታጠብ

ducha de mano

የእጅ መታጠቢያ

ducha íntima

መታጠቢያ

pila

ጎድጓዳ ሳህን

cepillo de espalda

የጀርባ ብሩሽ

jabón

ሳሙና

gel de ducha

መታጠቢያ የሚዝለገለግ ሳሙና

champú

የፀጉር መታጠቢያ ሳሙና

toallita

ለስላሳ ጨርቅ

desagüe

ፍሳሽ

crema

ክሬም

desodorante

ጠረን መቀየሪያ ንጥረ ነገር

espejo

መስታወት

espejo de tocador

የእጅ መስታወት

maquinilla de afeitar

ምላጭ

espuma de afeitar

የመላጫ አረፋ

loción postafeitado

ከመላጨት በኋላ የሚቀባ ሽቱ

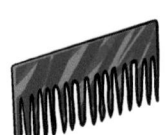

peine

ማበጠሪያ

cepillo

ብሩሽ

secador

የፀጉር ማድረቂያ

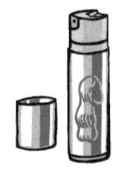

laca

በፀጉር ላይ የሚነፋ

maquillaje

የፊት መቀባቢያ

pintalabios

የከንፈር ቀለም

pintauñas

የጥፍር ቀለም

algodón

የጥጥ ሱፍ

cortauñas

ጥፍር መቁረጫ

perfume

ሽቶ

estuche de viaje

....

ማጠቢያ ባልዲ

banqueta

....

መቀመጫ

balanza

....

ሚዛን

albornoz

....

የመታጠቢያ ልብስ

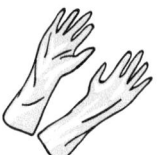

guantes de goma

....

የላስቲክ ጓንት

tampón

....

ሞዴስ

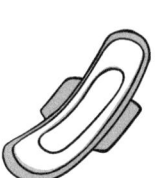

compresa

....

የፅዳት ፎጣ

inodoro químico

....

የሽንት ቤት ኬሚካል

habitación de los niños

የልጅ ክፍል

despertador
የማንቂያ ደዉል ሰዐት
peluche
የህፃን አሻንጉሊት
coche de juguete
የመጫወቻ መኪና
sonajero
ማንገጫገጫ መጫወቻ
casa de muñecas
የአሻንጉሊት ቤት
regalo
ስጦታ

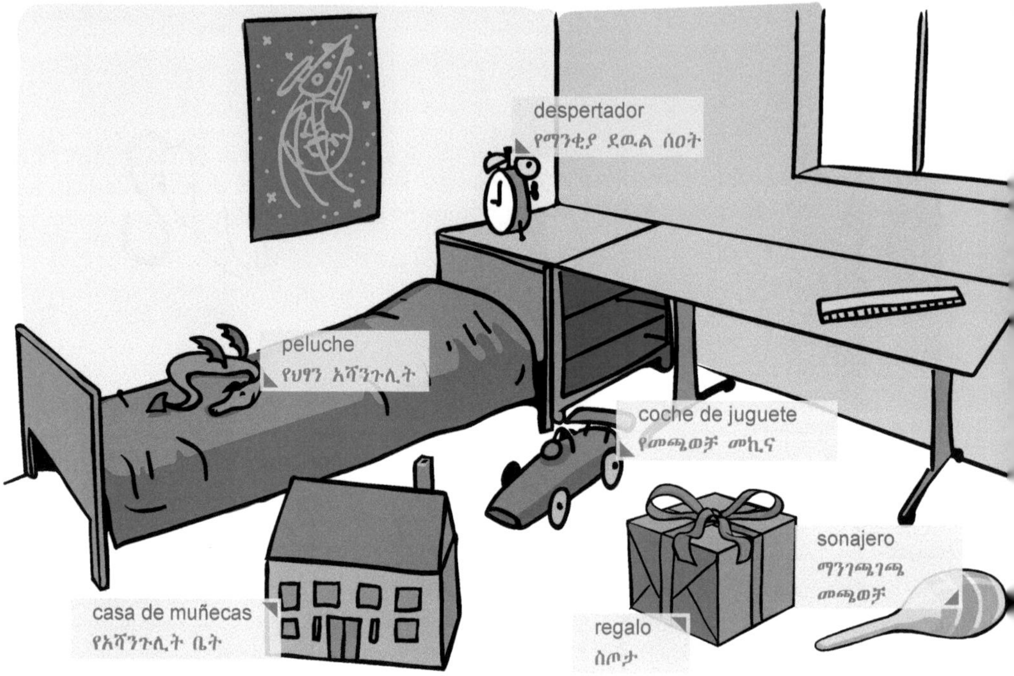

globo

ፊኛ

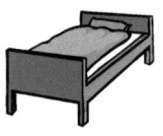

cama

አልጋ

coche de niño

የህፃን ማንሸራሸሪያ ጋሪ

naipes

የካርታ መጫወቻ

puzle

ቁርጥራጭ ምስሎችን የማገጣጠም እና ምስል የማግኘት ጨዋታ

tebeo

አዝናኝ

piezas de lego

ተገጣጣሚ መጫወቻ

bloques de juguete

የመጫወቻ መገጣጠሚያዎች

figura de acción

የድርጊት ምስል

bodi (de bebé)

የህፃን እድገት

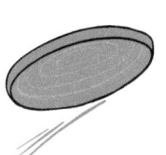

frisbee

የፕላስቲክ መጫወቻ ዝርግ ሰሀን

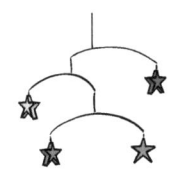

colgador móvil para bebés

ተወዛዋዥ የህፃን ማጫወቻ

juego de mesa

የሰሌዳ ጨዋታ

dados

የመጫወቻ ጠጠር

circuito de tren eléctrico

የመጫወቻ ባቡር

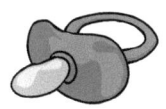

maniquí

የእንጀራ እናት ጡጦ

fiesta

ድግስ

álbum de fotos

የስዕል መፅሀፍ

pelota

ኳስ

muñeca

አሻንጉሊት

jugar

መጫወት

cajón de arena

የአሸዋ መጫወቻ

columpio

ዥዋዥዌ

juguetes

መጫወቻዎች

videoconsola

የቪዲዮ መጫወቻ

triciclo

ባለ ሶስት ጎማ ብስክሌት

oso de peluche

የአሻንጉሊት ድብ

guardarropa

ቁምሳጥን

ropa

አልባሳት

calcetines

ካልሲዎች

medias

ስቶኪንጎች

leotardos

ታይት

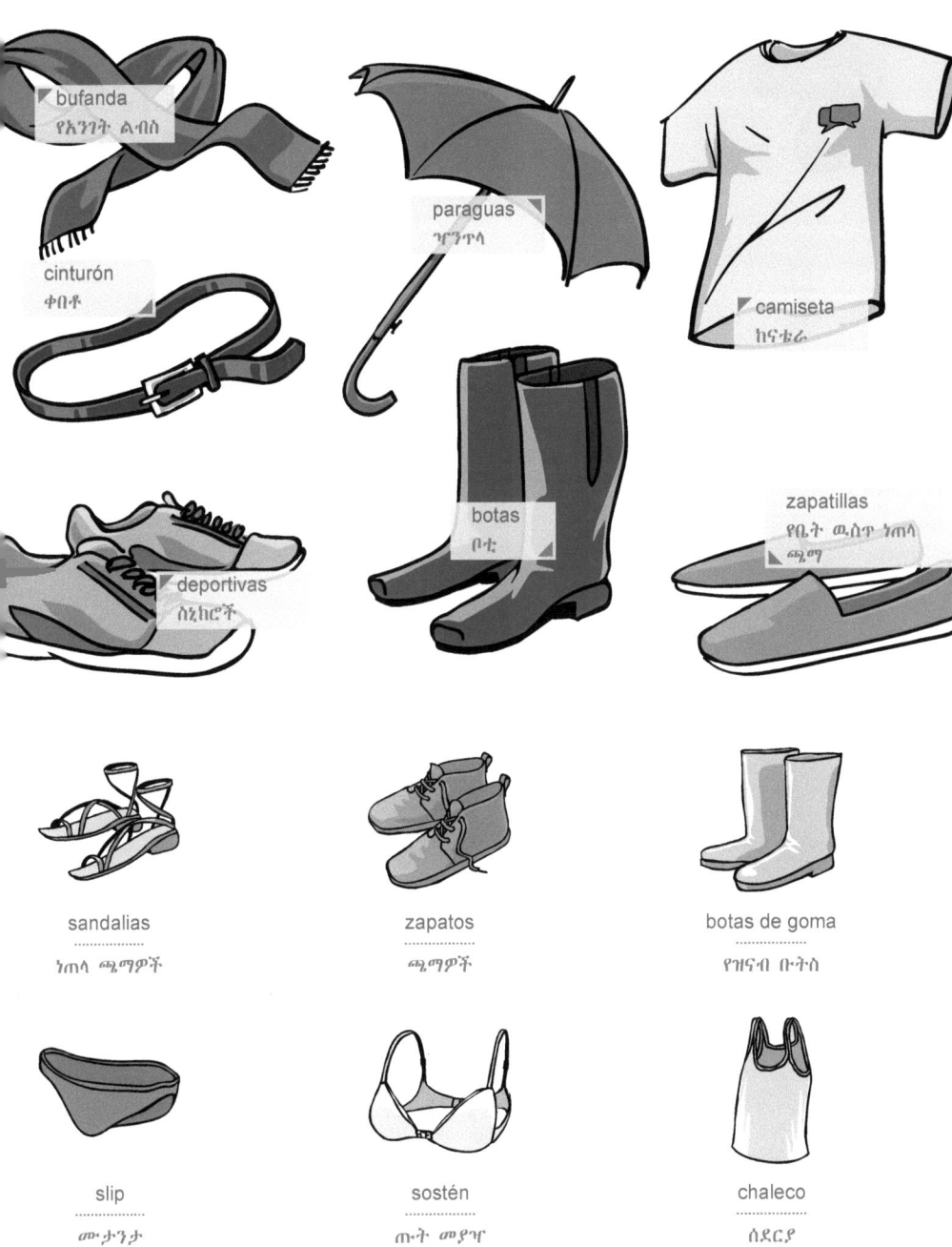

bufanda
የአንገት ልብስ

paraguas

camiseta
ከናቴራ

cinturón
ቀበቶ

botas

deportivas
ስኒከሮች

zapatillas
የቤት ዉስጥ ነጠላ
ጫማ

sandalias

ነጠላ ጫማዎች

zapatos

ጫማዎች

botas de goma

የዝናብ ቡትስ

slip

ሙታንታ

sostén

ጡት መያዣ

chaleco

ሰደርያ

bodi

ሰዉነት

pantalones

ሱሪዎች

vaqueros

ጅንስ

falda

ጉርድ ቀሚስ

blusa

ሸሚዝ

camisa

ሸሚዝ

jersey

የሚጠለቅ ሹራብ

suéter

ሹራብ

blazer

ዩኒፎርም ጃኬት

chaqueta

ጃኬት

abrigo

ኮት

gabardina

የዝናብ ኮት

traje

ልብስ

vestido

ቀሚስ

vestido de novia

የሙሽራ ቀሚስ

traje

ሱፍ

camisón

የለሊት ልብስ

pijama

የለሊት ልብስ

sari

ረጅም ቀሚስ

bandana

ሂጃብ

turbante

ጥምጣም

burka

ቡርቃ

caftán

ሽርጥ

abaya

አባያ

traje de baño

የዋና ልብስ

bañador

አጭር ቁምጣ

pantalones cortos

ቁምጣዎች

chándal

የስራ ቱታ

delantal

ሽርጥ

guantes

ጓንት

botón

ቁልፍ

gafas

መነፅር

brazalete

አምባር

collar

የአንገት ሀብል

anillo

ቀለበት

pendiente

የጆሮ ጌጥ

gorra

ኮፍያ

percha

የኮት መስቀያ

sombrero

ኮፍያ

corbata

ከረቫት

cremallera

ዚፕ

casco

የብረት ቆብ

tirantes

መደገፊያ

uniforme escolar

የትምህርት ቤት የደንብ ልብስ

uniforme

የደንብ ልብስ

babero

መሃረብ

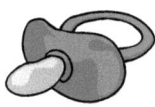

maniquí

የእንጀራ እናት ጡጦ

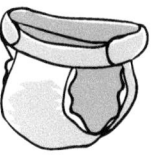

pañal

ሽንት ጨርቅ

oficina

ቢሮ

servidor
ማሰራጫ ጣቢያ
archivo
የፋይል መደርደሪያ ካቢኔ
impresora
የህትመት መሳሪያ
papel
ወረቀት
monitor
መቆጣጠሪያ
ratón
escritorio
መፃፊያ ጠረጴዛ
carpeta
ማህደር
teclado
የመፃፊ ቁልፎች
papelera
የቆሻሻ ወረቀት መጣያ ቅርጫት
silla
ወንበር
ordenador
ኮምፒዉተር

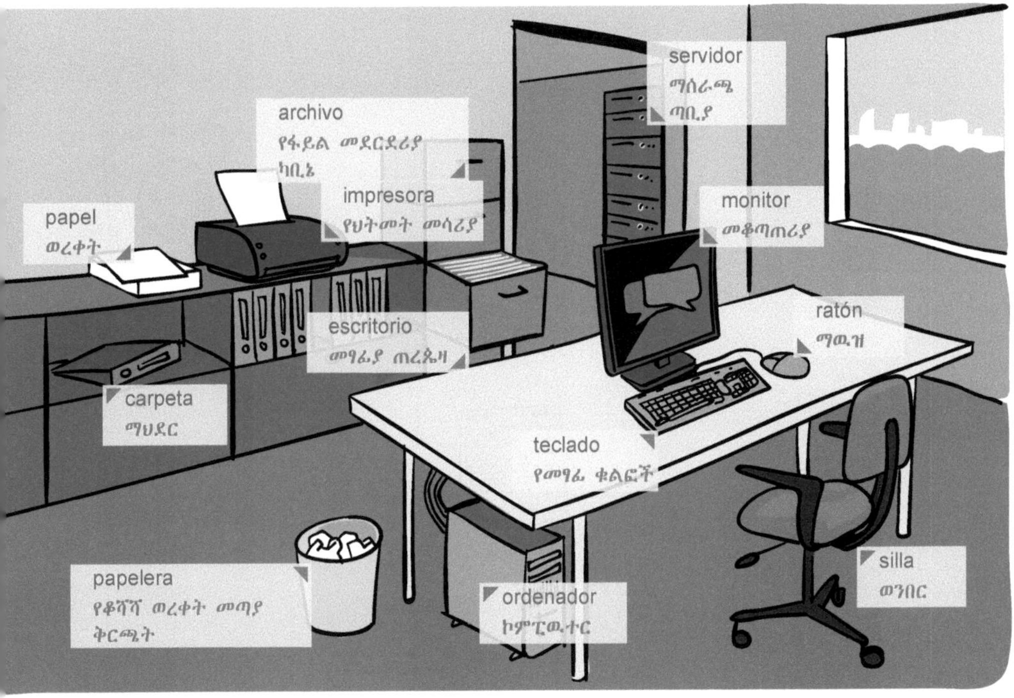

taza de café

የቡና መጠጫ ትልቅ ኩባያ

calculadora

ማስልያ ማሽን

internet

ኢንተርኔት

portátil

ላፕቶፕ

carta

ደብዳቤ

mensaje

መልዕክት

móvil

ተንቀሳቃሽ ስልክ

red

የግንኙነት አዉታር

fotocopiadora

ማባዣ ማሽን

software

ሶፍትዌር

teléfono

ስልክ

toma de corriente

የግድግዳ ሶኬት

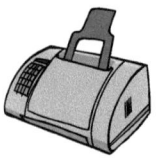

fax

የፋክስ ማሽን

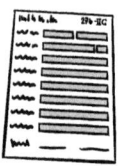

formulario

ቅፅ

documento

ሰነድ

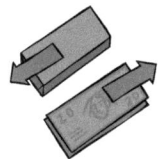

comprar

መግዛት

pagar

መክፈል

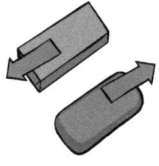

comerciar

መነገድ

dinero

ገንዘብ

dólar

ዶላር

euro

ዩሮ

yen

የን

rublo

ሩብል

franco suizo

የስዊዝ ፍራንክ

renminbi yuan

ሬንሚንቢ ዩዋን

rupia

ሩጲ

cajero automático

የገንዘብ ነጥብ

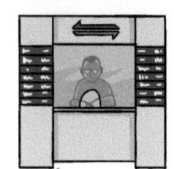

oficina de cambio de divisas

የዉጭ ገንዘብ ምንዛሪ ቢሮ

oro

ወርቅ

plata

ብር

petróleo

ዘይት

energía

ሀይል፤ ጉልበት

precio

ዋጋ

contrato

ግንኙነት

impuesto

ቀረጥ

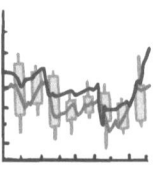

acción

አክስዮን

trabajar

መስራት

empleado

ተቀጣሪ

empleador

ቀጣሪ

fábrica

ፋብሪካ

tienda

ሱቅ

agente de policía
የፖሊስ አዛዥ
bombero
የእሳት አደጋ ሰራተኛ
cocinero
ምግብ አብሳይ
médico
ዶክተር
piloto
አብራሪ

jardinero
....
አትክልተኛ

carpintero
....
አናጢ

costurera
....
ልብስ ሰፊ ሴት

juez
....
ዳኛ

farmacéutico
....
ቀማሚ

actor
....
ተዋናይ

conductor de autobús

የአዉቶቢስ ሹፌር

taxista

የታክሲ ሹፌር

pescador

አሳ አጥማጅ

señora de la limpieza

ፅዳት ሰራተኛ

techador

የጣራ ሰራተኛ

camarero

አስተናጋጅ

cazador

አዳኝ

pintor

ሰዓሊ

panadero

ጋጋሪ

electricista

የኤሌትሪክ ሰራተኛ

obrero

ገምቢ

ingeniero

መሃሃዲስ

carnicero

ልኳንዳ

fontanero

የቧንቧ ሰራተኛ

cartero

የፖስታ ሰራተኛ

soldado

ወታደር

arquitecto

መሃንዲስ

cajero

የሒሳብ ሰራተኛ

florista

አበባ ሻጭ

peluquero

የፀጉር ሰራተኛ

revisor

ቲኬት ቆራጭ

mecánico

መካኒክ

capitán

ካፒቴን

dentista

የጥርስ ሐኪም

científico

ተመራማሪ

rabino

መምህር

imán

የሙስሊም ሃይማኖታዊ መሪ

monje

መነኩሴ

sacerdote

ካህን

herramientas

መሳሪያዎች

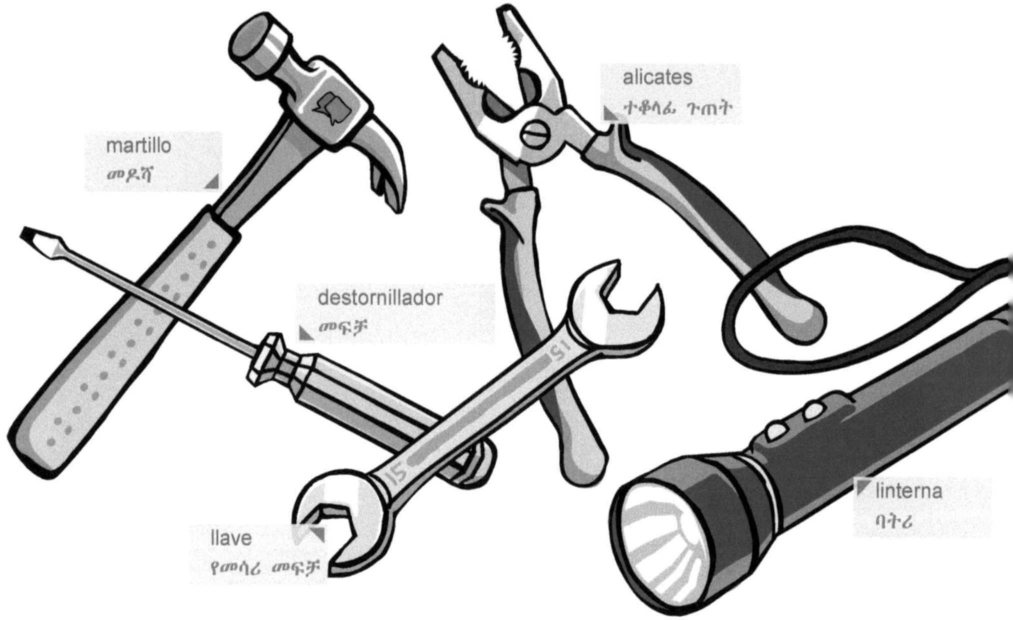

martillo
መዶሻ
alicates
ተቆላፊ ጉጠት
destornillador
መፍቻ
llave
የመሳሪ መፍቻ
linterna
ባትሪ

excavadora

በቁፋሮ የሚዝቅ

caja de herramientas

የመፍቻ ሳጥን

escalera de mano

መሰላል

sierra

መጋዝ

clavos

ምስማር

taladro

መሰርሰሪያ

reparar

መጠገን

pala

አካፋ

¡Maldita sea!

የተረገመ!

recogedor

ቆሻሻ ማፈሻ

bote de pintura

የቀለም ቆርቆሮ

tornillos

ብሎን

instrumentos musicales

የሙዚቃ መሳሪያዎች

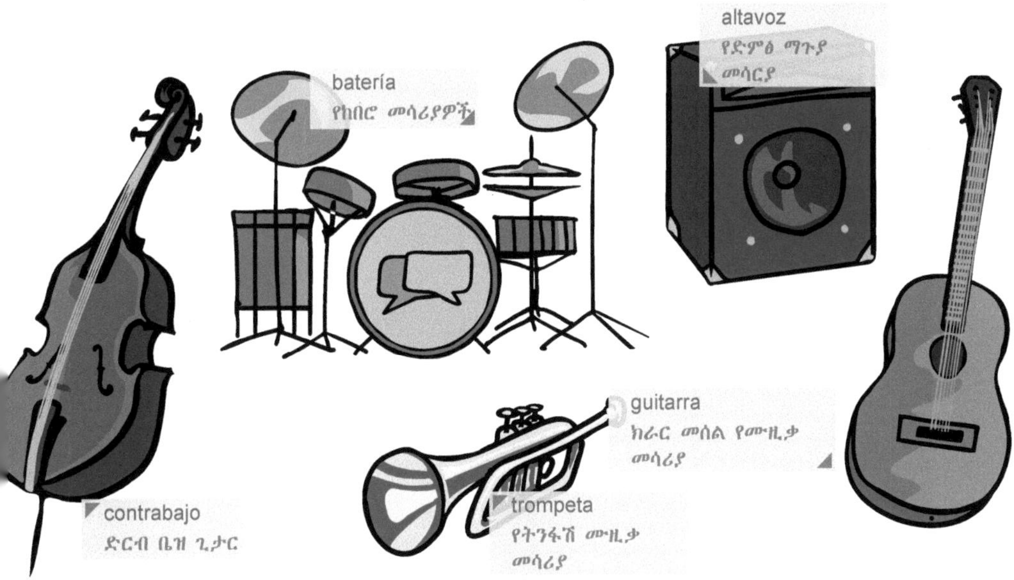

batería
የከበሮ መሳሪያዎች
altavoz
የድምፅ ማጉያ
መሳርያ
contrabajo
ድርብ ቤዝ ጊታር
guitarra
ክራር መሰል የሙዚቃ
መሳሪያ
trompeta
የትንፋሽ ሙዚቃ
መሳሪያ

piano

ፒያኖ

violín

ቫዮሊን

bajo

ወፍራም፤ ጎርናና ድምፅ ያለዉ ክራር መሰል ሙዚቃ መሳሪያ

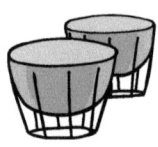

timbales

ነጋሪት

tambor

ከበሮ

teclado

በኤሌክትሪክ የሚሰራ ፒኖ

saxofón

የትንፋሽ ሙዚቃ መሳሪያ

flauta

ዋሽንት

micrófono

የድምፅ ማጉያ

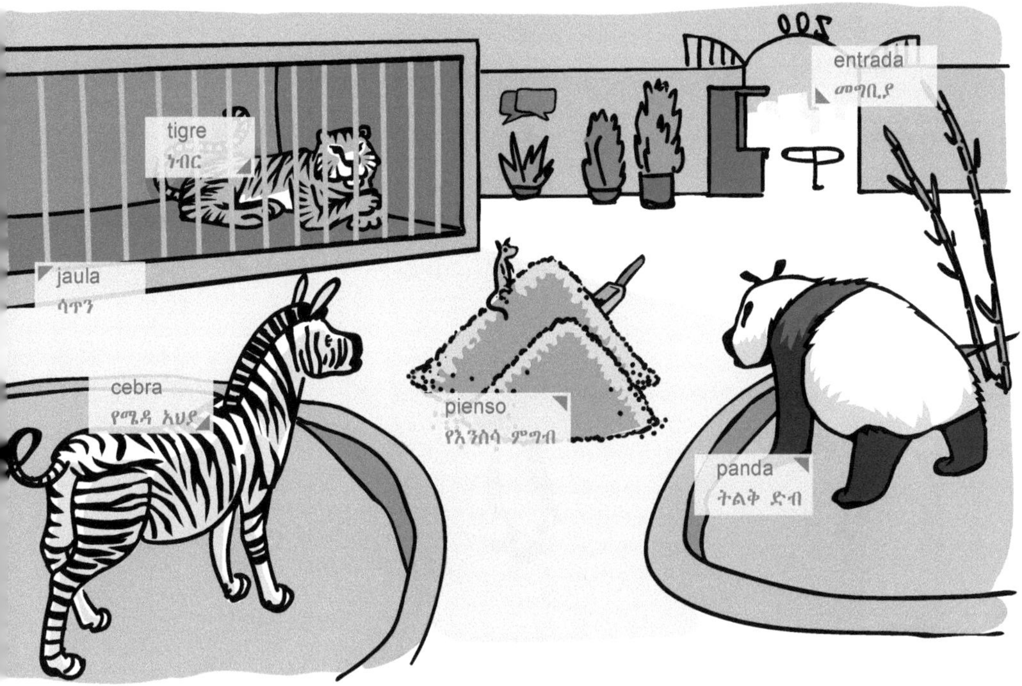

tigre
ነብር
entrada
መግቢያ
jaula
ሳጥን
cebra
የሜዳ አህያ
pienso
የእንስሳ ምግብ
panda
ትልቅ ድብ

animales
እንስሳቶች

elefante
ዝሆን

canguro
ካንጋሮ

rinoceronte
አዉራሪስ

gorila
ትልቅ ዝንጀሮ

oso
ድብ

camello

ግመል

avestruz

ሰጎን

león

አንበሳ

mono

ጦጣ

flamingo

ቅልጥመ ረዥም ወፍ

loro

በቀቀን

oso polar

የወዋልታ ድብ

pingüino

የዋልታ ወፎች

tiburón

ረጅም ጥርሶች ያሉትአሳ ነባሪ

pavo real

ጣዎስ

serpiente

እባብ

cocodrilo

አዞ

guardián de zoológico

የዱር አራዊት የሚጠበቁበት ማቆያን የሚጠብቅ

foca

አሳ በሊታ የባህር እንስሳ

jaguar

የዱር ድመት

poni

....

ድንክ ፈረስ

leopardo

....

ነብር

hipopótamo

....

ጉማሬ

jirafa

....

ቀጭኔ

águila

....

ንስር

jabalí

....

ከርከሮ

pescado

....

አሳ

tortuga

....

የባህር ኤሊ

morsa

....

የባህር አዉሬ

zorro

....

ቀበሮ

gacela

....

የሜዳ ፍየል፤ሚዳቋ

deportes

የስፖርት አይነቶች

fútbol americano
የአሜሪካ እግርኳስ
ciclismo
የብስክሌት ስፖርት
tenis
ቴኒስ
baloncesto
የቅርጫት ኳስ
natación
ዋና
boxeo
የቡጢ ስፖርት
hockey sobre hielo
የበረዶ ላይ የገና ጨዋታ

fútbol

እግር ኳስ

bádminton

የላበ ኳስ ጨዋታ

atletismo

አትሌቲክስ

balonmano

የእጅ ኳስ ስፖርት

esquí

የበረዶ መንሸራተት ስፖርት

polo

ፈረስ ግልቢያ

reír
መሳቅ
saltar
መዝለል
abrazar
ማቀፍ
caminar
መራመድ
cantar
መዘመር
soñar
ህልም ማለም
rezar
መፀለይ
besar
መሳም

escribir
መፃፍ

dibujar
መሳል

mostrar
ማሳየት

empujar
መግፋት

dar
መስጠት

tomar
መዉሰድ

tener

መያዝ

hacer

ማድረግ

ser

መሆን

estar de pie

መቆም

correr

መሮጥ

tirar

መሳብ

tirar

መወርወር

caer

መዉደቅ

yacer

መዋሸት

esperar

መጠበቅ

llevar

መሸከም

estar sentado

መቀመጥ

vestirse

መልበስ

dormir

መተኛት

despertar

መንቃት

mirar

መመልከት

llorar

ማልቀስ

acariciar

መጫር

peinar

ማበጠር

hablar

ማውራት

entender

መረዳት

preguntar

ጥያቄ

escuchar

ማዳመጥ

beber

መጠጣት

comer

መብላት

ordenar

ማንፃት

amar

ማፍቀር

cocinar

ምግብ ማብሰል

conducir

መንዳት

volar

መብረር

navegar

መርከብ መንዳት

calcular

ቁጥሮችን ማስላት

leer

ማንበብ

aprender

መማር

trabajar

መስራት

casarse

ማግባት

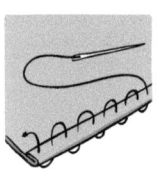

coser

መስፋት

cepillarse los dientes

ጥርስ መቦረሽ

matar

መግደል

fumar

ማጨስ

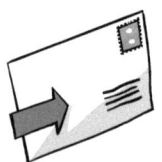

enviar

መላክ

familia

ቤተሰብ

abuela
የሴት አያት
abuelo
የወንድ አያት
padre
አባት
madre
እናት
bebé
ህፃን
hija
ሴት ልጅ
hijo
ወንድ ልጅ

invitado

እንግዳ

tía

አክስት

tío

አጎት

hermano

ወንድም

hermana

እህት

cuerpo

ካል

frente
ግንባር
ojo
አይን
hombro
dedo
ጣት
cara
ፊት
barbilla
አገጭ
mano
እጅ
pecho
ጡት
pierna
እግር
brazo
ክንድ

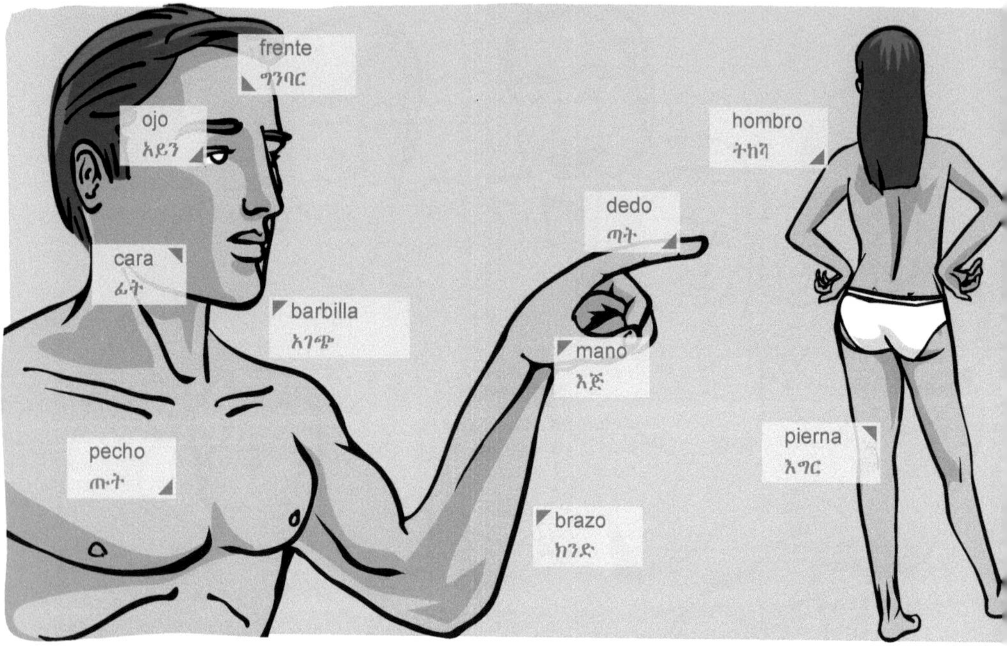

bebé

ህፃን

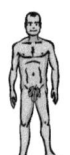

hombre

ሰዉ

mujer

ሴት

chica

ልጃገረድ

chico

ወንድ ልጅ

cabeza

ራስ

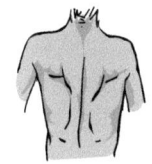

espalda

ጀርባ

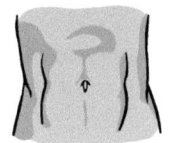

vientre

ሆድ

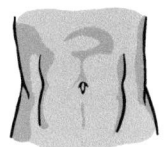

ombligo

እምብርት

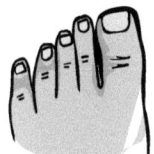

dedo del pie

የእግር ጣት

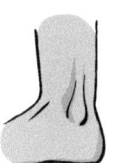

talón

ተረከዝ

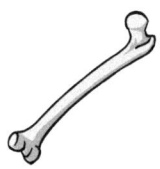

hueso

አጥንት

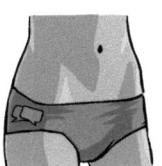

cadera

ዳሌ

rodilla

ጉልበት

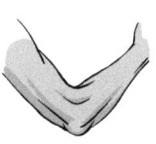

codo

ክርን

nariz

አፍንጫ

trasero

ቂጥ

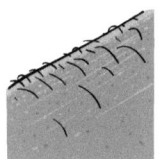

piel

ቆዳ

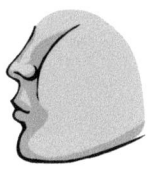

mejilla

ጉንጭ

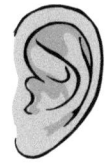

oído

ጆሮ

labio

ከንፈር

boca

አፍ

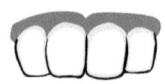

diente

ጥርስ

lengua

ምላስ

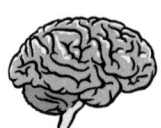

cerebro

አንጎል

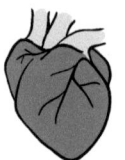

corazón

ልብ

músculo

ጡንቻ

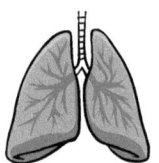

pulmón

ሳምባ

hígado

ጉበት

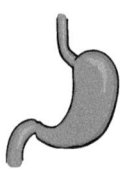

estómago

ሆድ

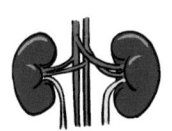

riñones

ኩላሊቶች

sexo

የግብረስጋ ግንኙነት

condón

ኮንዶም

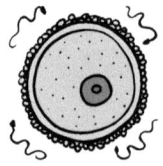

ovario

የሴት እንቁላል

semen

የዘር ፈሳሽ

embarazo

እርግዝና

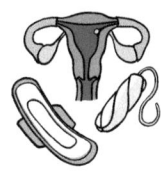

menstruación

የወር አበባ

vagina

እምስ

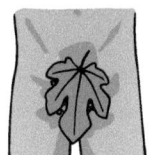

pene

ቁላ

ceja

ቅንድብ

pelo

ፀጉር

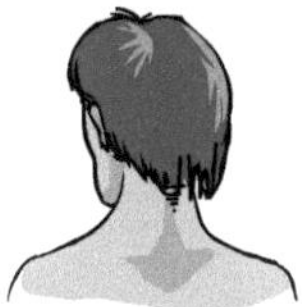

cuello

አንገት

hospital

ሆስፒታል

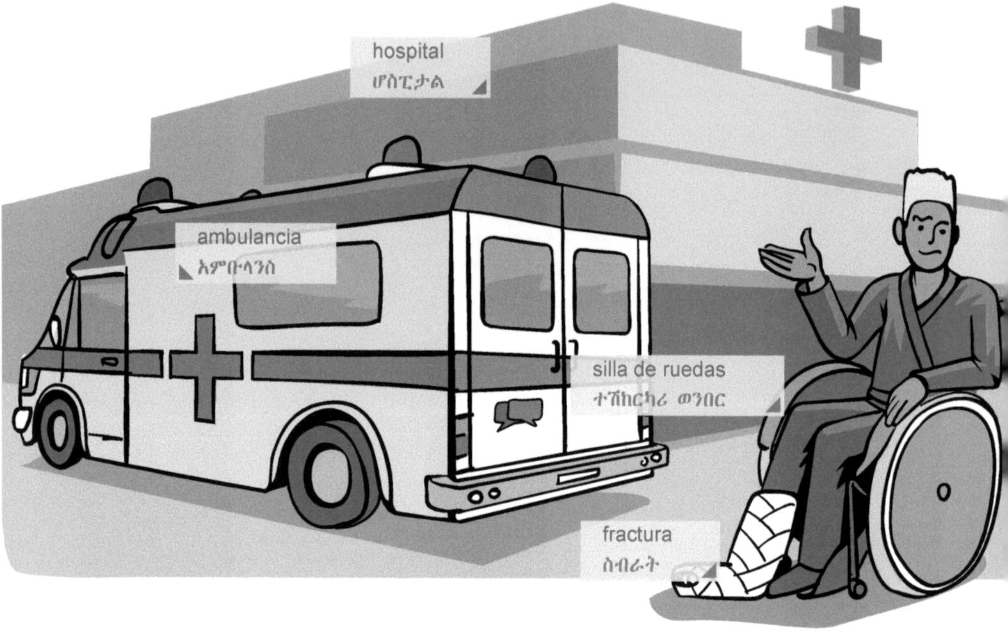

hospital
ሆስፒታል
ambulancia
አምቡላንስ
silla de ruedas
ተሽከርካሪ ወንበር
fractura
ስብራት

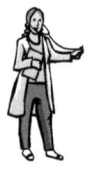

médico

ዶክተር

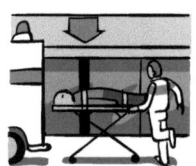

sala de urgencias

ድንገተኛ ክፍል

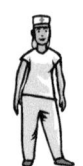

enfermera

ነርስ

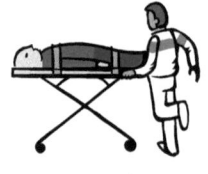

urgencia

ድንገተኛ

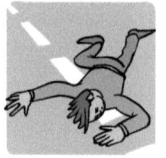

inconsciente

ራስን መሳት/ አለማወቅ

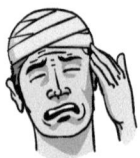

dolor

ህመም

lesión

ጉዳት

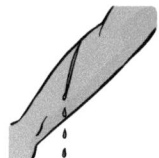

hemorragia

መድማት

infarto

የልብ ድካም

ictus

ስትሮክ

alergia

አለርጂ

tos

ሳል

fiebre

ትኩሳት

gripe

ኢንፍሉዌንዛ

diarrea

ተቅማጥ

dolor de cabeza

የራስ ምታት

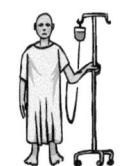

cáncer

ካንሰር

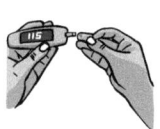

diabetes

የስኳር በሽታ

cirujano

ቀዶ ጠጋኝ ሐኪም

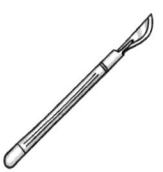

bisturí

የቀዶ ጥገና ስለት

operación

ቀዶ ጥገና

TAC

ሲቲ

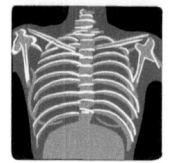

rayos x

ኤክስሬዩ

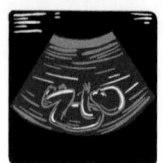

ultrasonido

አልትራሳዉንድ

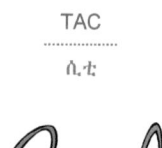

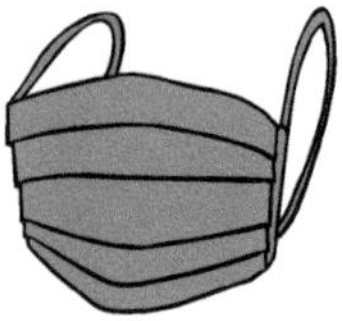

mascarilla

የፊት ጭምብል

enfermedad

በሽታ

sala de espera

መጠበቂያ ክፍል

muleta

ምርኩዝ

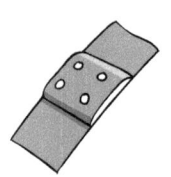

tirita

የቁስል ማሸጊያ

venda

ፋሻ

inyección

መርፌ

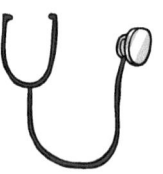

estetoscopio

የልብ ምት ማዳመጫ መሳሪያ

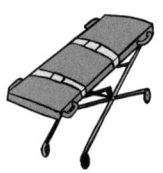

camilla

የበሽተኛ አልጋ

termómetro

የህክምና ሙቀት መለኪያ መሳሪያ

nacimiento

መውለድ

sobrepeso

ከልክ ያለፈ ክብደት

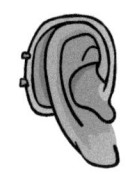

audífono

ለመስማት የሚረዳ መሳሪያ

desinfectante

ፀረ ተባይ መድሀኒት

infección

ማመርቀዝ

virus

ቫይረስ

VIH / SIDA

ኤች አይቪ ኤድስ

medicina

ኒክምና

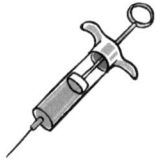

vacunación

ክትባት

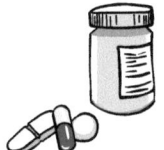

tabletas

ኪኒን

pastilla

ኪኒን

llamada de urgencia

አስ ኳይ የስልክ ጥሪ

tensiómetro

ደም ግፊት መቆጣጠሪያ

enfermo / sano

ኒመም/ ጤንነት

urgencia

ድንገተኛ

¡Socorro!

እርዳታ!

alarma

ማንቂያ ደወል

asalto

ጥቃት

ataque

ድብደባ

peligro

አደጋ

salida de emergencia

የድንገተኛ መዉጫ

¡Fuego!

እሳት!

extintor de incendios

እሳት ማጥፊያ

accidente

አደጋ

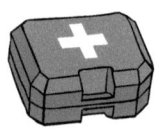

botiquín de primeros auxilios

የመጀመሪያ እርዳታ መድሃኒት መያዣ

SOS

ነፍስ አድን

policía

ፖሊስ

Europa

አዉሮፓ

Norteamérica

ሰሜን አሜሪካ

Sudamérica

ደቡብ አሜሪካ

África

አፍሪካ

Asia

እስያ

Australia

አዉስትራሊያ

Atlántico

አትላንቲክ

Pacífico

ፓስፊክ

Océano Índico

የህንድ ዉቅያኖስ

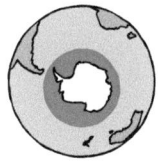

Océano Antártico

አንታርክቲክ ዉቅያኖስ

Océano Ártico

አርክቲክ ዉቅያኖስ

polo norte

ሰሜን ዋልታ

polo sur

ደቡብ ዋልታ

Antártida

አንታርክቲካ

tierra

ምድር

tierra

መሬት

mar

ባህር

isla

ደሴት

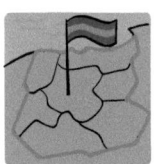

nación

አገርና ህዝብ

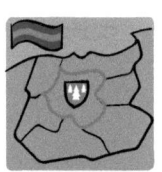

estado

መንግስት

hora(s)

ሰዓት

esfera

የሰዓት ገፅታ

manecilla de las horas

ሰዓት

minutero

ደቂቃ

segundero

ሴኮንድ

¿Qué hora es?

ስንት ሰዓት ነው?

día

ቀን

tiempo

ጊዜ

ahora

አሁን

reloj digital

የቁጥር ሰዐት

minuto

ደቂቃ

hora

ሰዓታት

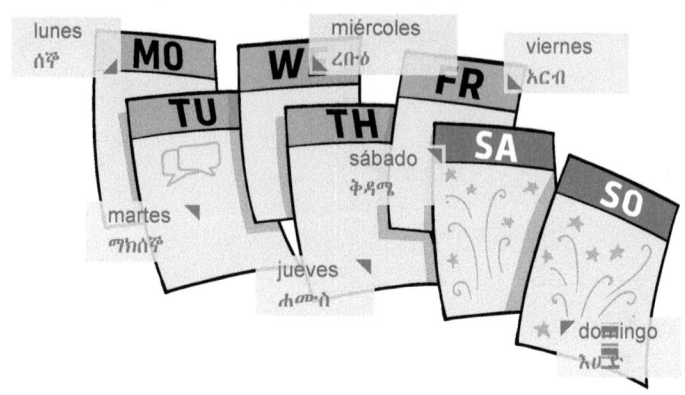

lunes
ሰኞ

miércoles
ረቡዕ

viernes
ዓርብ

martes
ማክሰኞ

sábado
ቅዳሜ

jueves
ሐሙስ

domingo
እሁድ

ayer

ትላንት

hoy

ዛሬ

mañana

ነገ

mañana

ማለዳ

mediodía

ቀትር

tarde

ምሽት

MO	TU	WE	TH	FR	SA	SU
1	2	3	4	5	6	7
8	9	10	11	12	13	14
15	16	17	18	19	20	21
22	23	24	25	26	27	28
29	30	31	1	2	3	4

días laborables

የስራ ቀናት

MO	TU	WE	TH	FR	SA	SU
1	2	3	4	5	6	7
8	9	10	11	12	13	14
15	16	17	18	19	20	21
22	23	24	25	26	27	28
29	30	31	1	2	3	4

fin de semana

የዕረፍት ቀናት

lluvia
ዝናብ
arcoíris
ቀስተ ዳመና
nieve
ጥጥ የሚመስል አመዳይ
በረዶ
primavera
ፀደይ
verano
በጋ
otoño
መኸር
invierno
ክረምት

4.APRIL 11°
5.APRIL 4°
6.APRIL 13°
7.APRIL 8°
8.APRIL 10°

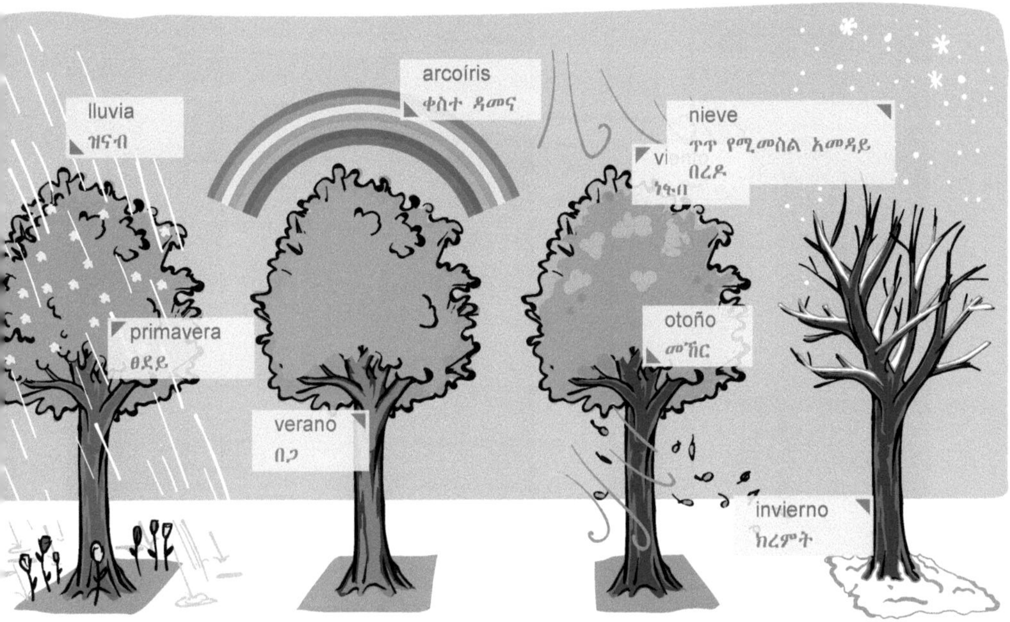

pronóstico del tiempo

የአየር ሁኔታ ትንበያ

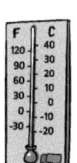

termómetro

የሙቀት መለኪያ

sol

የፀሀይ ሙቀት

nube

ደመና

niebla

ጭጋግ

humedad

እርጥበታማነት

rayo

መብረቅ

trueno

ነጎድጓድ

tormenta

አዉሎ ንፋስ

granizo

የበረዶ ዝናብ

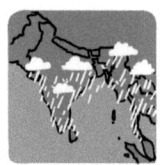

monzón

አዉሎ ንፋስ

inundación

ጎርፍ

hielo

በረዶ

enero

ጥር

febrero

የካቲት

marzo

መጋቢት

abril

ሚያዚያ

mayo

ግንቦት

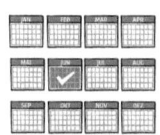

junio

ሰኔ

julio

ሐምሌ

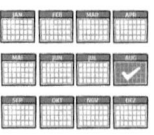

agosto

ነሀሴ

82 año - ዓመት

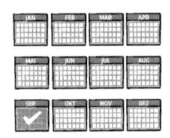

septiembre
መስከረም

octubre
ጥቅምት

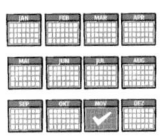

noviembre
ህዳር

diciembre
ህሳስ

formas
ቅርፆች

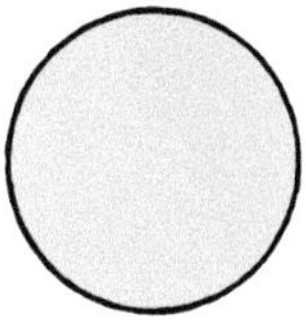

círculo
ክብ

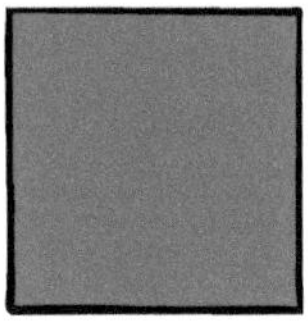

cuadrado
አራት ማዕዘን

rectángulo
አራት ቀጥተኛ ማዕዘኖች ጎኖች
ያሉት ቅርፅ

triángulo
ሶስት ማዕዘን

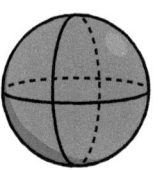

esfera
ሉል

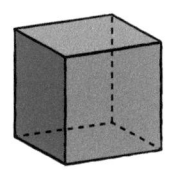

cubo
ስድስት ጎን ያለዉ ቅርፅ

formas - ቅርፆች   83

colores

ቀለማት

blanco

ነጭ

amarillo

ቢጫ

anaranjado

ብርቱካናማ

rosa

ሮዝ

rojo

ቀይ

morado

ወይን ጠጅ

azul

ሰማያዊ

verde

አረንጓዴ

marrón

ቡኒ

gris

ግራጫ

negro

ጥቁር

opuestos

ተቃራኒዎች

mucho / poco

ብዙ/ ጥቂት

enojado / tranquilo

ንዴት/ እርጋታ

bonito / feo

ቆንጆ/ አስቀያሚ

principio / fin

ጅማሬ/ ፍፃሜ

grande / pequeño

ትልቅ/ ትንሽ

claro / oscuro

ደማቅ/ ደብዛዛ

hermano / hermana

ወንድም/ እህት

limpio / sucio

ንፁህ/ ቆሻሻ

completo / incompleto

የተሟላ/ ያልተሟላ

día / noche

ቀን/ ምሽት

muerto / vivo

የሞተ/ ህያዉ

ancho / estrecho

ሰፊ/ ጠባብ

comestible / no comestible

የሚበላ/ የማይበላ

malo / amable

ክፉ/ ደግ

entusiasmado / aburrido

ደስተኛ/ ድብርተኛ

gordo / delgado

ወፍራም/ ቀጭን

primero / último

መጀመርያ/ መጨረሻ

amigo / enemigo

ጓደኛ/ ጠላት

lleno / vacío

ሙሉ/ ጎዶሎ

duro / blando

ጠንካራ/ ለስላሳ

pesado / ligero

ከባድ/ ቀላል

hambre / sed

ረሃብ/ ጥማት

enfermo / sano

ህመም/ ጤንነት

ilegal / legal

ህገወጥ/ ህጋዊ

inteligente / tonto

ጎበዝ/ ደደብ

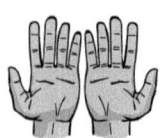

izquierda / derecha

ግራ/ ቀኝ

cerca / lejos

ቅርብ/ ሩቅ

nuevo / usado

አዲስ/ አሮጌ

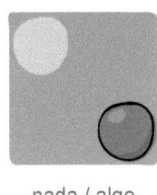

nada / algo

ምንም/ የሆነ ነገር

viejo / joven

ሽማግሌ/ ወጣት

encendido / apagado

የበራ/ የጠፋ

abierto / cerrado

ክፍት/ ዝግ

silencioso / ruidoso

ፀጥታ/ ጫጫታ

rico / pobre

ሃብታም/ ደሃ

correcto / incorrecto

ትክክለኛ/ የተሳሳተ

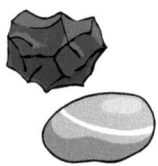

áspero / suave

ሻካራ/ ለስላሳ

triste / contento

ሐዘን/ ደስታ

corto / largo

አጭር/ ረዥም

lento / rápido

ዝግተኛ/ ፈጣን

húmedo / seco

እርጥብ/ ደረቅ

cálido / frío

ሞቃት/ ቀዝቃዛ

guerra / paz

ጦርነት/ ሰላም

números

ቁጥሮች

0 cero ዜሮ	**1** uno አንድ	**2** dos ሁለት
3 tres ሶስት	**4** cuatro አራት	**5** cinco አምስት
6 seis ስድስት	**7** siete ሰባት	**8** ocho ስምንት
9 nueve ዘጠኝ	**10** diez አስር	**11** once አስራ አንድ

12

doce

አስራ ሁለት

13

trece

አስራ ሶስት

14

catorce

አስራ አራት

15

quince

አስራ አምስት

16

dieciséis

አስራ ስድስት

17

diecisiete

አስራ ሰባት

18

dieciocho

አስራ ሰስምንት

19

diecinueve

አስራ ዘጠኝ

20

veinte

ሃያ

100

cien

መቶ

1.000

mil

ሽህ

1.000.000

millón

ሚሊዮን

idiomas
ቋንቋዎች

inglés

እንግሊዝኛ

inglés americano

የአሜሪካ እንግሊዝኛ

chino mandarín

የቻይና ማንዳሪን

hindi

ሂንዱ

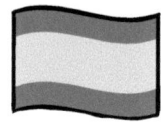

español

ስፓኒሽ

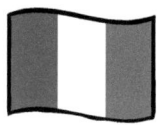

francés

ፍሬንች

árabe

አረብኛ

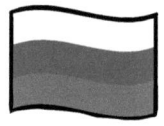

ruso

ራሺያኛ

portugués

ፖርቹጊዝ

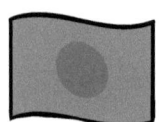

bengalí

ቤንጋሊ

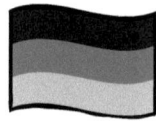

alemán

ጀርመን

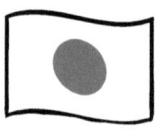

japonés

ጃፓንኛ

quién / qué / cómo

ማን/ ምን/ እንዴት

yo

እኔ

tú

አንተ

él / ella / ello

እሱ/ እርሷ/ እቃዉ

nosotros/as

እኛ

vosotros/as

አንተ

ellos/as

እነርሱ

¿quién?

ማን?

¿qué?

ምን?

¿cómo?

እንዴት?

¿dónde?

የት?

¿cuándo?

መቼ?

nombre

ስም

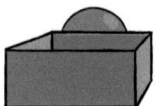

dónde

የት

detrás

በስተጀርባ

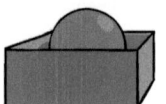

en

ዉስጥ

delante de

ከፊት ለፊት

por encima de

ከላይ

sobre

ላይ

debajo de

ከስር

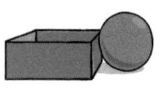

junto a

አጠገብ

entre

መሃከል

lugar

ቦታ